Katamwa aika buubura

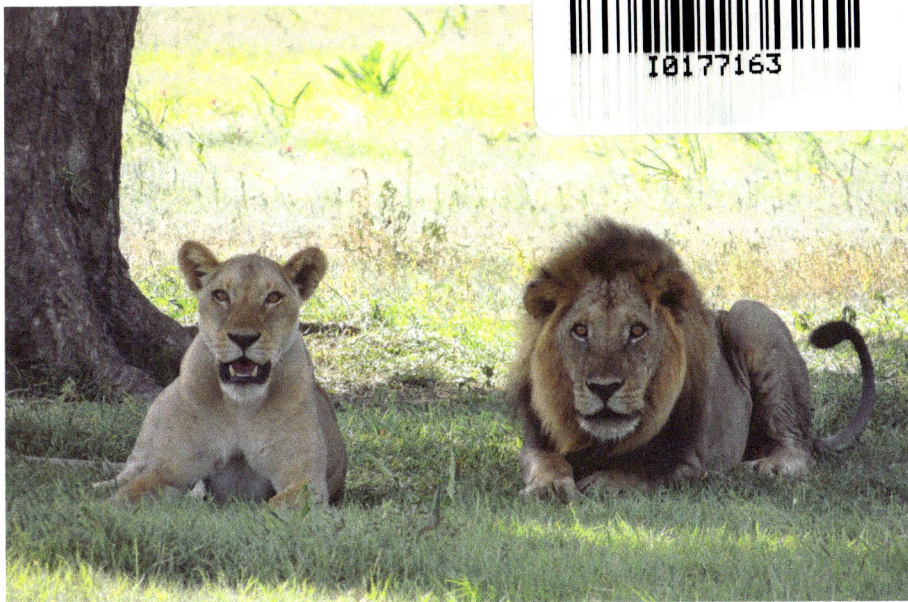

Te korokaraki iroun Micah May
ao Nora May

Library For All Ltd.

E boutokaaki karaoan te boki aio i aan ana reitaki ae tamaaroa te Tautaeka ni Kiribati ma te Tautaeka n Aotiteeria rinanon te Bootaki n Reirei. E boboto te reitaki aio i aon katamaaroaan te reirei ibukiia ataein Kiribati ni kabane.

E boreetiaki te boki aio iroun te Library for All rinanon ana mwane ni buoka te Tautaeka n Aotiteeria.

Te Library for All bon te rabwata ae aki karekemwane mai Aotiteeria ao e boboto ana mwakuri i aon kataabangakan te ataibwai bwa e na kona n reke irouia aomata ni kabane. Noora libraryforall.org

Katamwa aika buubura

E moan boreetiaki 2022
E moan boreetiaki te katootoo aio n 2022

E boreetiaki iroun Library For All Ltd
Meeri: info@libraryforall.org
URL: libraryforall.org

Atuun te boki Katamwa aika buubura
Aran te tia korokaraki May, Micah ao May, Nora
ISBN: 978-1-922844-59-0
SKU02166

katamwa aika buubura

A maamaeka katamwa aika buubura ni mwakoron nako te aonnaaba n aron Amerika Meang, Amerika Maiaki, Aberika, Aatia ao Eurobe.

Te moan buubura
bon te taika.

A bon rangi n rabakau ni kaeman taian taika. Angiin te tai, a waakina aia kaeman n tii ngaiia n te tairiki.

Te kauoua ni buubura bon taian raian. A bon rangi n rabakau naba ni kaeman.

A ikoikotaki raian ma
raoia ake tabeman ni
kaakaei kanaia.

Iai buraeraen iraia raian mwaane, ae rangi ni matenten ae katoobibia atuuia. E aranaki bwa te mein.

Te tiaakua bon tii ngaia te katamwa ae buubura ae kona ni kuneaki i aon Amerika Meang ao Maiaki.

A rangi ni korakora ao ni marurung rabwataia ma rangaia aika kororo. A rangi n rabakau n tamwatamwa, ni kawakawa ao ni uaua.

E bon rangi ni mwaiti aekan karan te tiaakua. Te baanta ae roroo bon karinanin naba te tiaakua.

A bon iorooro tein taian
reobwati ma taian tiaakua.
A uareereke riki taian
reobwati ao a mwaiti riki
kiriwantanta i aon rabwataia.

A maamaeka n tii ngaiia taian
reobwati ao a kaeman naba
n tii ngaiia. A kaboonganaa
raoiroin aia kakaauongo ao
aia taratara i nanon aia tai
ni kaeman.

Taian kabanea ni birimwaaka mai i buakoia katamwa aika buubura ao mai i buakoia naba manin aon te aba bon taian tiita. Tein rabwataia ae irariki, bon ngaia ae buokiia ni kabirimwaakaia.

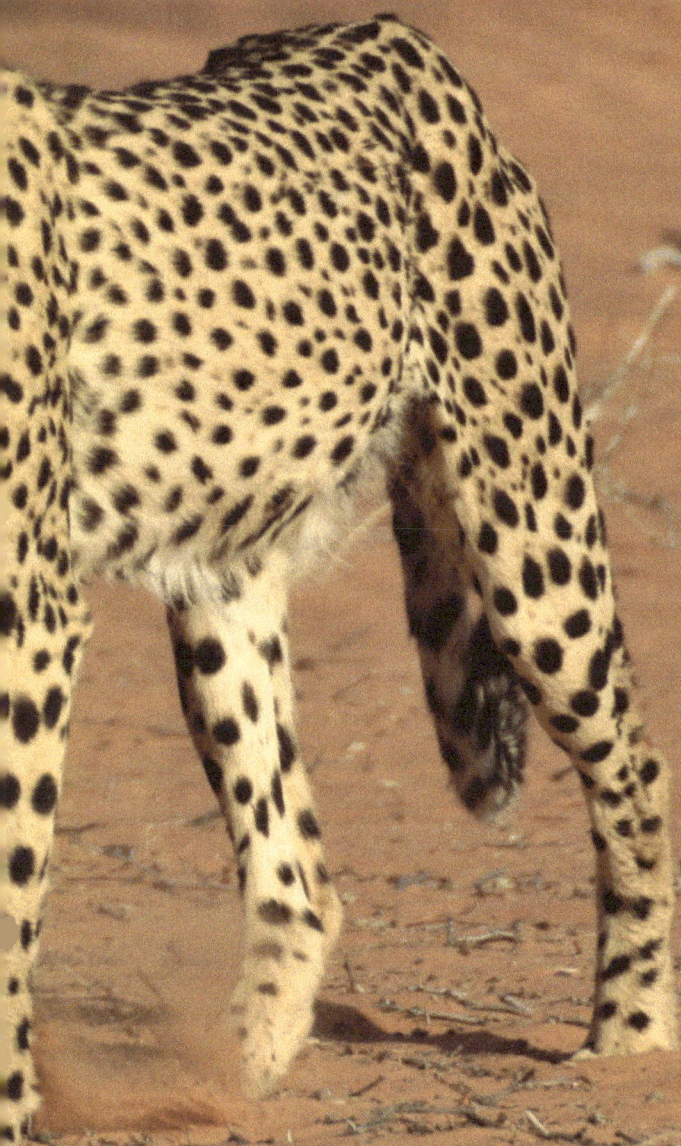

A maamaeka taian tiita n taabo aika karako iai raan. A kona ni mooi ti teuana te tai i nanon teniua nakon aua te bong.

E bon rangi ni kananokaawaki bwa a bon moanna ni karako taian tiita ao katamwa aika buubura n aekaia nako. E riki aio man aia kakammwakuri aomata aika a urui aia tabo ni maeka maan aikai i buakonikai.

Taeka ma nanoia

Baanta aika roroo
Aekakin te tiaakua ae roroo.

Tabo ni maeka
Te tabo ae maeka iai te man,
e maiu iai te aroka ke bwaai aika maiu.

Tiaakua
Aekan taian katamwa aika a kiriwantanta
n te roroo.

Reobwati
Katamwa aika a uareereke riki i aan taian
tiaakua ao a rawata riki kiriwantantaia.

Raian
Te kauoua ni buubura ni katamwa.

Bureei
Te man ae kanaki irouia maan ake tabeua.

Taika
Katamwa aika taian kabanea ni buubura.

Rootaki n te kaangaanga
Rootaki n te maaku/reke n te kaangaanga.

Ko kona ni kaboonganai titiraki aikai ni maroorooakina te boki aio ma am utuu, raoraom ao taan reirei.

Teraa ae ko reiakinna man te boki aio?

Kabwarabwaraa te boki aio.
E kaakamanga? E kakamaaku?
E kaunga? E kakaongoraa?

Teraa am namakin i mwiin warekan
te boki aio?

Teraa maamaten nanom man
te boki aei?

Karina ara burokuraem ni wareware
getlibraryforall.org

Rongorongon te tia korokaraki

Bon te Director of Technology ibukin te Library For All Ltd Micah May ao e mwakuri naba bwa te consultant ibukin te Digital Public Library mai America. E rangi ni maamate nanona ni buookan taian raiburarii bwa a na koro nanon aia kainibaaire. E reke ana beebwa Micah ae te B.A man te University of Colorado Boulder ao ana JD man te Havard Law School.

E koraki teniua Nora May ao e reirei i St Columba School i aon Durango i Colorado. E taatangira te wareware. Ana moan riiboti ngke e koraki teuana e bon kaungaa bwa e na korea ana moani boki ae e atuunaki n 'Sharks'.

Ko kukurei n te boki aei?

Iai ara karaki aika a tia ni baarongaaki aika a kona n rineaki.

Ti mwakuri n ikarekebai ma taan korokaraki, taan kareirei, taan rabakau n te katei, te tautaeka ao ai rabwata aika aki irekereke ma te tautaeka n uarokoa kakukurein te wareware nakoia ataei n taabo ni kabane.

Ko ataia?

E rikirake ara ibuobuoki n te aonnaaba n itera aikai man irakin ana kouru te United Nations ibukin te Sustainable Development.

libraryforall.org

www.ingramcontent.com/pod-product-compliance
Lightning Source LLC
Chambersburg PA
CBHW040314050426
42452CB00018B/2833